DÉFI.

A ÉLÉONORE

ET

A SES LACHES AMIS.

VENANT A LA SUITE DES ÉCLATS DE SAINTE COLÈRE.

« Assez, assez : cela fait venir la chair « de poule, disaient de jeunes person- « nes.

« La pauvre femme ! comme vous l'ar- « rangez : disait une aimable et douce « dame. »

Tel est l'effet que produit la lecture des *Éclats de sainte colère*, sur quicon-

Ln 27 40124

que a gardé la faculté de sentir, la liberté de parler.

Alors qu'ils auront été répandus avec profusion, de ville en ville, de campagne en campagne, et dans les salons, les boutiques, les rues, ce ne sera qu'un écho d'horreur, qu'un haro d'opprobre.

Mais quand donc viendra poindre un éclair de cœur! Quand donc, au lieu de tourner et courber le dos au-devant de la verge du bourreau, viendra se montrer un front faisant face à l'ennemi.

Apparemment en matière d'affronts et d'outrages, la coupe n'est pas comble encore : apparemment, la potion amère a passé franc à travers le gosier distendu : apparemment un estomac à la Mithridate en fait de mépris, s'est rencontré prêt à digérer le tout.

Dure charge, rude tâche! hélas, faut-il encore se ressaisir des instrumens de supplice, et s'ingénier en quelque nouveau genre de tortures, et flageller, derechef, les plaies saignantes au vif, et pour se servir de l'argot à la mode, progresser de martyre en martyre.

Eléonore, Eléonore, si ce n'est pour ton honneur entaché, pour ton renom souillé, que ce soit pour mon repos mérité aux plus justes titres; Eléonore, prends du cœur enfin, emprunte du cœur, fût-ce à usure, achète du cœur à beaux deniers comptans : Eléonore, poursuis en justice le révélateur de tes hontes, le réprobateur de tes actes.

Poursuis en justice, ainsi qu'il est passé en usage de l'appeler, et invoque, évoque la loi telle qu'elle est gravée aux tables juridiques, et somme la loi tout-à-fait dans le même sens, à peu près dans les mêmes termes que le bon M. Tartuffe :

> Délivrez-moi, Monsieur, de la criaillerie
> Et daignez accomplir votre ordre, je vous prie.

Certes, tu n'as pas à craindre que la morne loi, inflexible, impassible à l'instar du dieu Terme des anciens ou de la borne du coin des rues, aille s'insurger sur les pas du grand roi, et répondre comme au bon M. Tartuffe :

> . . . . et suivez-moi sur l'heure
> En la prison qu'on doit vous donner pour demeure.

Je dis et je m'en lave les mains, et je me tiens quitte de tout scrupule, de tout reproche.

Pauvre Eléonore, si tu te tais, si tu te tiens coi, c'est passer condamnation sur les torts imputés ; c'est faire, par mon organe, la confession générale, sans qu'en retour l'absolution soit au bout.

Dorénavant, je parle en ton nom et non au mien. Et prends-y garde, c'est non-seulement pour le passé, mais encore pour l'avenir; et, tiens-le pour certain, à peine ai-je commencé, jamais je n'aurai achevé.

Nonobstant quoi que ce soit, il n'y aura de fin qu'à ma fin; jugeant qu'en une telle occurrence, la plus juste application est à faire de ces lignes du Moniteur de Gand :

« Doctrine vraiment commode pour « les brigands et les voleurs! Une bande « de larrons s'associe; ils vont, à l'entrée « de la nuit, le fer et la torche en main, « s'emparer d'une ferme ou d'un château, « Ils en avaient fait disparaître par la « perfidie, toutes les armes défensives; ils « en chassent les possesseurs trop faibles

« pour résister ; ils s'y établissent et s'y « fortifient : Le jour les trouve en pleine « possession. Cependant les propriétaires « légitimes se montrent, la justice du lieu « les protège, le village voisin vient à leur « secours ; les brigands barricadés s'é- « crient :

« Nous sommes en posession ! Tout « est déjà stable et tranquille ici ! si vous « disputez notre possession, ce sera « vous qui ramènerez le désordre ! »

« Honneur et bénédiction aux publi- « cistes de Bonaparte. »

(*Gazette de France*, 24 Novembre.)

A vous, maintenant, lâches amis.

Eh mais ! Eléonore, est-ce donc que tu tiens de Denis le tyran, soit que nul ne prend souci de t'éclairer, soit qu'aucun ne se hasarde à te parler, soit enfin que tu ne te fies en personne, à tel point que si le ciel t'avait fais barbue, il te faudrait recourir au bouchon de paille.

Chose inconcevable, incompréhensible ! tant ma longanimité est infinie, tant ma patience est presque éternelle : voilà quatre mois qu'ici et là, qu'au plus près de toi, il a été expédié un certain écrit; voilà bientôt un mois qu'en une douzaine de mains de ministres du ciel, de parens selon la chair, et d'amis sur parole, le même envoi a été opéré, sans, autant qu'il parait, que ni à tes yeux gris fauves, ni à tes amples et plates oreilles, la connaissance en ait été transmise.

Si bien qu'à bout de compte, l'écrit fulminant ne s'est fait jour jusqu'à toi, qu'en perçant à travers les ténèbres du vendredi-saint, de l'an de grace 1835, de l'an de naissance 55 (plus ou moins).

Lâches amis!...

. . . . présent le plus funeste
Qu'ait jamais fait aux gens la colère céleste.

Ils sentent tes torts, et ne disent mot. Ils savent tes périls, et ne disent mot. Le cœur leur manque à laisser s'échapper la parole, ou chargée de blâme quant aux erremens passés, ou frappée de crainte quant aux événemens futurs, telle qu'elle est recélée aux secrets de la conscience, de la raison.

Le cœur leur manque à affronter cette grimace de colère, qui, sillonnant à travers les rides du vieil âge, et relevant quelque peu les plis des joues pendantes, vraiment ne donne pas une figure attrayante à dévisager : comme aussi à rencontrer ce faux rire de bravade, qui, mettant en contraction, en contorsion les traits déjà raidis, trouble l'air de calme obtenu par artifice, et détraque la face à ne plus supporter un regard.

Peu leur importent et ta honte et ta perte.

Entrepreneuse de sauteries, entremetteuse de causeries, tant que le théâtre est ouvert, la tourbe encombre les sièges, inonde le parquet.

La toile vient-elle à tomber, tout s'évanouit comme une vaine nuée devant le souffle des autans; et, seule, demeure clouée à sa place, la carcasse drapée d'oripeaux.

Vois plutôt, vois déjà comment ton piteux être est délaissé, abandonné en butte aux vengeances, en proie aux tortures.

En vain tu t'égosilles à crier au secours: le gant est jeté et gît sur le sol, attendant qui le ramasse, qui le rapporte à la main au-devant tendue.

C'est comme un sort. Fais-tu danser? fais-tu jouer? fais-tu manger? autour de toi, les marionnettes montées au ton du jour, font foule, font presse.

Y a-t-il à couper le sifflet à l'homme qui, par Dieu, ne s'en sert pas trop mal, au bon plaisir de sa suprême rage, aussitôt le désert se fait.

Lâches amis!

En tout cas, le vieux est prêt : même il est impatient, tant la dernière goutte de sang menace de se figer en ses veines racornies, tant la dernière lueur d'ame menace de s'éteindre sous les brumes épaissies.

Le vieux est prêt : libre de crainte, ne mettant à l'enjeu qu'un triste débris de vie, valeur presque réduite à zéro par le dol des années, valeur mise au grand rabais par l'esprit imberbe du siècle ; et libéré de scrupule, n'acceptant point un duel proprement dit, à défaut de toute chance en sa faveur, ne commettant point le suicide dûment entendu, au moyen du juste prix qui y est attaché.

Le vieux est prêt, toutefois sous les conditions péremptoires :

1° Qu'il soit fait dépôt, en main convenue, du montant de la légitime assurée de naissance et garantie en mariage au neveu, laquelle est passée furtivement, frauduleusement aux mains de la tante, à l'effet d'être remis aux cinq petits neveux, au cas à peu près certain de la déconfiture, car tout espoir est enfoui sous sa tombe ;

2° Qu'il soit alloué un répit de 30 jours, pour brocher un testament où les dernières vérités soient dites, et à l'indigne espèce humaine, et à l'être si digne de te

BIBLIOTHÈQUE ROYALE
I

nir la tête en ses rangs, de telle sorte que l'une et l'autre en conservent mémoire à jamais.

Ici, à l'heure du dénouement, par un hasard étrange, de sublimes paroles, d'admirables lignes, de deux ancêtres aux 18e et 17e siècles, des orphelins victimes, demandent à être citées au sujet du grand-père, de la grand'tante.

L'un, sans peur et sans reproche, auquel demain, peut-être, toute proportion gardée, ne sied pas trop mal ce mot du commandant des grenadiers de France à la bataille de Minden, se promenant devant la ligne, sous le feu d'une batterie qui éclaircissait vivement les rangs, au petit pas de son cheval, sa tabatière à la main :

« Mes enfans, leur disait-il en les « voyant émus, qu'est-ce que c'est? du

« canon. Eh bien ! ça tue, ça tue, voilà « tout. » (*Dictionnaire des anecdotes militaires.*)

L'autre, impitoyablement suspendue et balancée entre les verges de l'opprobre et les pointes du remords, à laquelle, sous le râle de la mort, non sans regret peut-être, le bienfait tardif est accordé par le ciel de s'échapper d'une vie d'angoisses, de tortures ; et cependant le retour de pitié d'en haut, borné en ses faveurs, ne va pas jusqu'à permettre qu'un autre mot surgisse en la pensée abattue, pour être appliqué au sort de cette masse informe de chair et d'os, *caput mortuum* de l'être de joies et de jeux... à tout prix.

« René de S^t^.P..., sur la fin de ses jours, voulant se retirer du monde pour se livrer tout entier aux pratiques de la dévotion, transporta tous ses biens, titres et priviléges, à son fils Gabriel, et par son testament, il prescrivit sa sépulture à la porte de l'église, voulant, disait-il :

« Que celui qui, pendant sa vie d'un « moment, avait pu fouler quelques-uns « des habitans, ses vassaux, fût long- « temps foulé par eux... qu'il ne fût pas « possible d'entrer dans l'église, sans po- « ser le pied sur sa tombe : invitant ainsi « ceux de ses descendans qui pourraient « se laisser aller à l'orgueil ou à l'injus- « tice, à penser à la brièveté de la vie, à « l'égalité de la mort, à l'abaissement du « tombeau!.... » (*Archives historiques de la noblesse de France.*)

P. S. Rencontre piquante, mordante, torturante.

C'était en la rue Saint-Dominique, au coin de la rue Saint-Guillaume, sur les 3 heures, au deux mai 1835.

Ici, le grand-père, portant le front serein, gardant un air pensif, marchant à pas lents : Là, la grand'tante, vieille aussi à 15 ans de moins, et droite encore, de taille s'entend, vraiment ainsi qu'en a été tracé le portrait, à l'œil gris fauve, aux joues pendantes, et pour parfaire l'image, au teint jaunâtre, aux lèvres rances, à la face boursoufflée.

Lui, l'apercevant si tard qu'à grand'peine un regard foudroyant l'atteint ; elle l'ayant reconnu plus tôt, si bien que le regard, en l'abordant, rencontre déja l'air hautain métamorphosé en honteux, la couleur terne tournée au blême de mort, et le sourcil froncé, la bouche pincée, le nez contracté, et la démarche gênée, l'allure embarrassée, la machine détraquée.

Plaise au ciel, toute pudeur n'est pas éteinte.

Enone, et ne suis point de ces femmes hardies
Qui, goûtant dans le crime une tranquille paix,
Ont su se faire un front, qui ne rougit jamais.

De la Gervaisais.

Rue Jacob, 9.

PARIS. — IMPRIMERIE D'A. PIHAN DE LA FOREST,
Rue des Noyers, n. 37.

www.ingramcontent.com/pod-product-compliance
Lightning Source LLC
LaVergne TN
LVHW010329230826
846091LV00009B/3787

9782013673365